¡Sssssshhhhhhhhhhh!

Haz del teatro algo íntimo

Llévalo siempre en el bolsillo

Cubierta y diseño editorial: Éride, Diseño Gráfico
Dirección editorial: ángel jiménez
Coordinador de la colección: Javier Llanos

Primera edición: junio, 2025

Electra
© Eduardo Galán
© VdB, 2025
Espronceda, 5
28003 Madrid

VdB

ISBN: 979-13-87644-23-9
Depósito Legal: M-12474-2025
Diseño y preimpresión: Éride, Diseño Gráfico

Este libro protege el entorno

Electra

A partir
de
Sófocles y Eurípides

Esta obra se representó dentro de la programación
de la 71a edición del Festival Internacional
de Teatro Clásico de Mérida.

Dirección: Jesús Cimarro.

Eduardo GalánFont

Eduardo Galán Font es un dramaturgo, guionista, novelista y ensayista español. Actualmente es, Vicepresidente 1º de la Academia de las Artes Escénicas, y Secretario General de la Asociación de Productores y Teatros de Madrid (APTEM).

Como autor teatral ha estrenado más de treinta obras originales y numerosas adaptaciones. Entre las originales sobresalen, entre otras, *La profesora* (*Life lessons/Lecciones de vida* en su estreno mundial en Nueva York, obra con quince premios internacionales), *La curva de la felicidad*, *Blablacoche*, *Maniobras*, *La posada del Arenal*, *Mujeres frente al espejo*, *Nerón. Mercado de amores*, *Anónima sentencia*, *La posada del Arenal*, *La sombra del poder*… Y entre las adaptaciones figuran, entre otras, *Casa de muñecas*, de Ibsen; *Las guerras de nuestros antepasados*, de Miguel Delibes; *La Regenta*, de Clarín; *Los bandos de Verona*, de Rojas Zorrilla; *Los pazos de Ulloa*, de Emilia Pardo Bazán; *Un marido ideal*, de Óscar Wilde; el musical *El fantasma de la ópera*, de Lloyd Weber; *La Celestina*, de Fernando de Rojas; *El caballero de Olmedo*, de Lope de Vega; *El galán fantasma*, de Calderón de la Barca; *El zoo de cristal*, de Tennesse Williams; *Anfitrión*, de Plauto; *Alejandro Magno*, de Racine; *El Lazarillo de Tormes*… En junio de 2025 estrenará su adaptación de *La Lazarilla* y en julio dentro de la programación del Festival Internacional de Teatro Clásico de Mérida, una nueva versión de *Electra* basada en los textos de Sófocles y Eurípides.

Como novelista ha publicado la novela para niños *SOS Salvad al ratoncito Pérez* y *La pasión de Alma*. Y en 2021 dio a conocer su *Diario de un confinamiento*.

EDUARDO GALÁN

Electra

A partir
de
Sófocles y Eurípides

Esta función se estrenó en el Teatro Romano de Mérida
el 30 de julio de 2025, interpretada por María León (ELECTRA),
Elisa Matilla (CLITEMNESTRA), Patxi Freytez (AGAMENÓN),
Santi Marín (ORESTE), Pepa Gracia (CRISÓTEMIS), Alejandro Bruni (EGISTO)
y Nacho Machi (PÍLADES).

Dirección: Lautaro Perotti.

Personajes

AGAMENÓN	58-65 años. Padre de Electra, Crisótemis y Orestes. Y marido de Clitemnestra.
EGISTO	55-65 años, amante de Clitemnestra.
CLITEMNESTRA	55-65 años.
ELECTRA	35 años.
ORESTES	35-40 años. Hijo de Agamenón y Clitemnestra,
CRISÓTEMIS	33 años.
PÍLADES	48 años, soldado fiel de Agamenón y asistente de Orestes.

Nota:
Al empezar la obra, los personajes tienen quince o veinte años menos. Es el flash back. En el presente tienen la edad que se indica.

Espacio escénico:
Campo, montaña y palacio de Agamenón.

Preámbulo

ELECTRA, *en primer término del escenario, se dirige al público. En el sentido temporal, esta escena se podría situar tiempo después del final de la acción dramática. Se trata de anticipar el desenlace para que el público no se interese por lo qué va a pasar —debiera ser conocido— sino por el cómo y el por qué tiene lugar la venganza, como en la célebre novela «El túnel», de Ernesto Sábato.*

ELECTRA   Soy Electra, la mujer que asesinó a su madre. A sangre fría. Con premeditación. De madrugada. Con un plan pensado durante veinte largos años. La maté sin piedad. Deseaba darle muerte con toda mi alma. No me arrepiento de nada ni quiero que me perdonen. Solo quiero que comprendan mis motivos. Tal vez ustedes actuarían igual que yo. ¿O no?

"

Soy Electra,
la mujer
que asesinó
a su madre.
A sangre fría.
Con
premeditación.

"

ESCENA 1
Fin del asedio de Troya.

> AGAMENÓN, *en primer término del escenario en el campo o montaña, está hablando con* PÍLADES, *su soldado de confianza, y se dirige también al público —como si fuera su ejército—. Al fondo, en un lateral, en el lecho del dormitorio de* CLITEMNESTRA *en el Palacio de* AGAMENÓN, CLITEMNESTRA *y* EGISTO *disfrutan de los placeres del amor.*

AGAMENÓN — (*A* PÍLADES.) No quiso Homero convertirme en el héroe de la Ilíada a pesar de ser yo el comandante de los griegos en el cerco de Troya. Capricho ridículo de los poetas ese de falsear la historia a su antojo. Tú lo has vivido conmigo, Pílades, mi fiel asistente, y sabes cómo ocurrió todo. Cuando Paris raptó a Helena, te embarcaste a mis órdenes para rescatarla de los troyanos. Pero Homero se empeñó en describir a Aquiles con más bravura y valor que a mí. La historia no siempre la escriben los vencedores. Por lo menos, la mía.

EGISTO — (*Preocupado. A* CLITEMNESTRA.) Dicen que Agamenón regresará pronto.

CLITEMNESTRA	(*A* EGISTO.) ¿Y qué? Después de diez años de guerra vendrá viejo, tullido y feo.
AGAMENÓN	(*A los soldados, hablando al público.*) Soldados, Micenas nos espera con nuestras esposas e hijos. Nadie discutirá el botín. La victoria nos pertenece y con ella nos hemos adueñado de tesoros y de mujeres sin límite. No sé qué haréis vosotros, pero yo no voy a abandonar a su suerte a Casandra, mi leal compañera durante estos diez años de guerra. La llevaré a casa para que viva en mi palacio junto a mis hijas y Clitemnestra, mi legítima esposa. No sobreviviría en estas tierras inhóspitas. Vosotros podéis regresar también con vuestras amantes e hijos que os han acompañado en estos años.
EGISTO	(*A* CLITEMNESTRA.) ¿Volverás con Agamenón?
CLITEMNESTRA	(*A* EGISTO.) Me he acostumbrado al calor de tus brazos, al sabor de tu boca y al cariño de tus palabras, Egisto. No podría volver a acostarme con Agamenón ni una sola noche.
EGISTO	(*A* CLITEMNESTRA.) Defenderemos nuestro amor por encima de su violencia.
AGAMENÓN	(*Al público.*) Diez años sin ver a nuestras familias es mucho tiempo.

CLITEMNESTRA   (*A* EGISTO.) No permitiré que nos separe.

EGISTO   (*A* CLITEMNESTRA.) Te defenderé incluso con mi propia vida.

AGAMENÓN   (*A* PÍLADES.) ¿Qué habrá sido de Electra, Crisótemis y Orestes?

PÍLADES   (*A* AGAMENÓN.) Tus hijos estarán velando tu ausencia y deseando tu regreso.

CLITEMNESTRA   (*A* EGISTO.) Mis hijos querrán que su padre vuelva a casa.

EGISTO   (*A* CLITEMNESTRA.) Sí, pero los nuestros no querrán que nos separemos.

AGAMENÓN   (*A los soldados, dirigiéndose al público.*) Mi esposa me recibirá con los brazos abiertos. Vuestras esposas harán lo mismo. Por eso deberemos ser extremadamente delicados cuando acomodemos en nuestras casas a las mujeres que hemos conocido en Troya. ¡Soldados, a los barcos! ¡Micenas nos espera! ¡Viva Micenas!

PÍLADES
/AGAMENÓN   ¡Viva!

"

Mi esposa
me recibirá
con los brazos
abiertos.
Vuestras
esposas
harán
lo mismo.

"

Escena 2
El regreso del héroe a palacio.

En la sala principal del Palacio de AGAME-
NÓN *en Argos. En escena* CLITEMNESTRA,
ELECTRA, ORESTES *y* CRISÓTEMIS.

ELECTRA	¡Ya han llegado!
ORESTES	¡Vencedores!
ELECTRA	¡Y triunfales!
CRISÓTEMIS	¡Por fin!

(*Entra* AGAMENÓN, *seguido de su fiel* PÍLA-
DES, *que casi toda la escena la vive en se-
gundo término y en silencio.*)

CLITEMNESTRA (*Disimula alegría, con sonrisa forzada y
aproximándose a* AGAMENÓN.) ¡Bienveni-
do, Agamenón! Las puertas de casa se
abren para nuestro gran héroe de Troya.

ELECTRA ¡Padre! ¡Qué alegría!

AGAMENÓN ¡Electra! ¡Déja que te abrace! (*Se abrazan
emocionados.*) ¡Ya eres una mujer!

ORESTES /CRISÓTEMIS	¡Padre!
AGAMENÓN	¡Hijos míos! ¡Qué feliz de veros!
CRISÓTEMIS	Yo también estoy muy feliz.
AGAMENÓN	¡Cómo habéis crecido!
CLITEMNESTRA	Eran unos niños hace diez años...
AGAMENÓN	¿Sigue el hogar tan firme como el día en que partí para la guerra?
CLITEMNESTRA	Tan firme como un roble, aunque el viento intente derribarlo.
ORESTES	(*Con intención crítica con* CLITEMNESTRA.) No siempre es el viento el que derriba al roble. A veces es la carcoma la que lo derriba.
CLITEMNESTRA	(*Mira con frialdad a* ORESTES.) ¿Es esta la manera de dar la bienvenida a tu padre? Anda, corre y abrázalo.
ORESTES	(*Se acerca a su padre y lo abraza.*) ¡Padre!
AGAMENÓN	¡Estás hecho un hombre!
CLITEMNESTRA	(*A* ORESTES.) ¿A qué te refieres con el roble, Orestes?

ORESTES	(*A* CLITEMNESTRA.) Hablo del roble como símbolo del amor duradero. El roble parece fuerte, pero a veces en su interior puede habitar el germen de su destrucción: la carcoma.
AGAMENÓN	(*A* ORESTES.) Hijo, hablas ya como un hombre. (*Intrigado.*) Pero, ¿qué sabes tú de robles y de los venenos que lo pueden derribar?
ORESTES	(*Mira a su madre y responde a* AGAMENÓN.) Lo que aprendo observando en silencio. Lo que escucho cuando las puertas se cierran y los pasos que se oyen no son los de mi padre.
ELECTRA	(*Alegre. Lo anima a hablar.*) ¿De quién son esos pasos? Habla claro, hermano.
CLITEMNESTRA	(*Con una mezcla de odio y miedo, intentando disimular.*) Basta de enigmas, Orestes. Si tienes algo que decir, dilo. Y si no, guarda silencio como siempre has hecho. (*A* AGAMENÓN.) Se ha convertido en un joven taciturno y silencioso, encerrado en sí mismo. Cuando habla, solo dice despropósitos.
ORESTES	(*Con firmeza.*) De acuerdo madre, hablaré sin misterios. Esta casa no solo ha sido amenazada por el viento, sino también por pisadas que no son las de mi padre.

Clitemnestra	¡Qué dices, Orestes! Cuidado con inventarte patrañas que no son ciertas. Y deja de ser tan misterioso.
	(*Todos quedan en silencio.* Electra *sonríe complaciente y cruza una mirada de complicidad con* Orestes.)
Agamenón	(*A* Pílades, *desconcertado por las insinuaciones de* Orestes.) Pílades, mi fiel lugarteniente, ¿y si regresamos al barco? Se avecina una fuerte tormenta. Sujetemos las velas y mantengámonos firmes junto al palo mayor.
Pílades	Siempre a tus órdenes, mi señor.
Agamenón	(*A* Orestes.) Habla claro. Sin miedo.
Orestes	Lo diré claramente. Egisto…
	(*Se calla y baja la mirada.*).
Agamenón	¿Qué pasa con Egisto?
Electra	Sigue, Orestes…
Orestes	(*A* Agamenón.) Desde que te fuiste, Egisto ha cruzado la puerta de nuestra casa demasiadas veces.
Clitemnestra	(*A* Orestes.) ¡No digas tonterías!

ORESTES   Es la verdad, padre.

CLITEMNESTRA   (*Justificándose.*) Egisto es el mejor amigo de tu padre y ha sido nuestro consejero durante todos estos años. Entraba y salía para aconsejarnos.

ORESTES   Un consejero que llegaba antes de cenar y se marchaba después del alba.

(CLITEMNESTRA *intenta hablar, pero* AGAMENÓN *se lo impide.*)

AGAMENÓN   (*A* CLITEMNESTRA.) ¿Es verdad lo que dice nuestro hijo?

CLITEMNESTRA   ¿Verdad? ¿Qué es la verdad? ¿Alguien sabe distinguir entre lo que es cierto y lo que es falso?

AGAMENÓN   (*A* CLITEMNESTRA.) Al grano. Responde sin dilación.

CLITEMNESTRA   La verdad es que te fuiste de Micenas y nos dejaste abandonados hace diez años. ¿Crees que una mujer puede permanecer tanto tiempo tejiendo y destejiendo telares mientras su marido se pasea por el mundo guerreando y distrayéndose por las noches con quien le place? ¿Te crees que una mujer de hoy en día debe permanecer en casa esperando el regreso de su marido como en la época de nuestras abuelas? La verdad es que sacrificaste a nuestra hija Ifigenia antes de marchar sin tener en cuenta mis sentimientos. Solo porque los dioses te reclamaban un sacrificio. No puedes volver ahora reclamando tus derechos como si nada hubiera pasado.

ELECTRA
(*Con resentimiento.*) Madre, qué bien hablas de la verdad. Lástima que no seas capaz de decirla.

ORESTES
No intentes justificarte, madre. (*Acusándola con seguridad.*) Tus decisiones no han sido fruto de la partida de nuestro padre, sino de tu ambición y tu traición.

CLITEMNESTRA
¡Callaos los dos! ¡No sois quién para juzgarme!

AGAMENÓN
¡Callad los tres! No os reconozco. Os odiáis tanto como yo he odiado a los troyanos. Esperaba encontrar una familia unida y feliz y me he encontrado con que reina la distancia y el resentimiento entre vosotros. Clitemnestra, ¿qué has hecho para que nuestros hijos te delaten de esta manera? Y tú, Crisótemis, ¿no dices nada? ¿Nunca hablas? Apenas te reconozco. Estás muy cambiada.

CRISÓTEMIS
Soy la primera sorprendida con estas insinuaciones de Orestes y de Electra. No

sé lo que ha pasado en esta casa durante tu ausencia. A mí nadie me ha conta-
do nada. Ni madre ni mis hermanos me
han hablado de Egisto. Tu amigo siempre me ha tratado bien. Pero quizás Orestes y Electra conozcan lo que yo no al-
canzo a comprender. Siento no poder
ayudarte, padre.

(ORESTES, *iluminado por un cañón de luz,*
deja traslucir sus sentimientos en un breve
monólogo.)

ORESTES

(*Al público.*) Alguien tenía que atreverse
a decir lo que mis hermanos callan por te-
mor a mi madre. Esta casa es un laberin-
to de falsedades. Egisto es la ambición
pura. Ha traicionado la confianza de su
mejor amigo para poseer a su esposa y a
la vez intentar convertirse en el nuevo rey
de Micenas. ¿Pero qué papel juego yo en
esta historia? Huelo la sangre y me provo-
ca mucha angustia. ¿Habré actuado bien
o habré sembrado la discordia entre mis
padres? (*Intenta aliviar la tensión, cambian-*
do de tema, a AGAMENÓN.) Padre, ¿cómo
asaltaste Troya y liberaste a Helena?

AGAMENÓN

Celebremos una fiesta esta noche y os
contaré la guerra a todos de forma ex-
tensa. Clitemnestra, invita a Egisto. Si él
niega las acusaciones que he escuchado
de mis hijos, podrá seguir entrando en

casa. Pílades, ve por mi equipaje. Y trae contigo a Casandra. Se queda a vivir con nosotros.

Escena 3
La huida de Orestes.

ELECTRA está sola, nerviosa. Sujeta una daga.
Entra PÍLADES con ORESTES.

ELECTRA	¿Cómo has tardado tanto, Pílades?
PÍLADES	No ha sido fácil. Los soldados de Egisto vigilan por todos lados.
ELECTRA	¿Por qué vienes con Orestes?
PÍLADES	Ha insistido en venir.
ORESTES	No pienso quedarme escondido mientras decidís qué debo hacer.
ELECTRA	No estamos jugando, Orestes. Cada segundo que perdamos, Egisto tiene más posibilidades de descubrirte y asesinarte.
ORESTES	No voy a huir como un cobarde. Soy hijo de Agamenón.
PÍLADES	No confundas la cobardía con la prudencia. Si Egisto te captura, morirás.

ORESTES	No me iré sin dar muerte antes a los asesinos de mi padre.
ELECTRA	No solo tú clamas venganza. También yo la deseo. Pero ahora tu vida corre peligro. Debes salvarte.
ORESTES	¿Qué clase de hijo soy si huyo?
PÍLADES	Fuera de palacio nos esperan soldados fieles de Agamenon. Huiremos con ellos y, cuando sea posible, volveremos para hacer justicia.
ELECTRA	Si te quedas aquí, no habrá un después.
ORESTES	¿Y cómo sabéis que no me traicionarán también a mí?
PÍLADES	Han sido leales a Agamenón en los diez años de la guerra de Troya. Puedes confiar en ellos.
ELECTRA	Vamos, Orestes, vete de una vez. Para vengarme de nuestra madre, te necesito vivo.
ORESTES	¿Y tú no corres peligro?
ELECTRA	No me harán nada. Soy una mujer y piensan que no podré encabezar una rebelión contra ellos. Salva tu vida y regresa con un ejército poderoso y libertador.

ORESTES	Lo haré. Puedes estar segura.
ELECTRA	¿Me juras, Orestes, que nos vengaremos juntos?
ORESTES	Te lo juro.
ELECTRA	¿Y tú, Pílades?
PÍLADES	¡Lo juro por Agamenón!
ELECTRA	(*A* ORESTES, *entregándole una daga.*) Era de nuestro padre.
ORESTES	(*Coge la daga y se abraza con* ELECTRA.) La llevaré siempre conmigo. (*Se la entrega a* PÍLADES.) Llévala tú ahora.

"

Era de nuestro
padre.

ORESTES
La llevaré
siempre
conmigo.

"

Escena 4.

Han pasado quince o veinte años. ELECTRA *está ante el mauseolo de su padre* AGAMENÓN. *Le está ofreciendo un sacrificio.*

ELECTRA   Recibe, padre, este mechón de pelo que te ofrezco con mi recuerdo más cariñoso y mi promesa de no olvidarte jamás. ¡Dioses del Olimpo, mitigad mi dolor y resolved mis dudas! ¡Ay de mí! Nací de Agamenón y me parió Clitemnestra, odiosa hija de Tindáreo. ¡Qué horrible existencia la de la hija que perdió a su padre y vio casarse a su madre con su amante! Padre mío, Agamenón, que yaces en el Hades, tú que fuiste valeroso soldado en Troya, ejemplo del ejército griego, héroe sin límites, contempla a tu hija Electra cómo padece el rechazo de una madre cruel y tirana.

(Interrumpe CRISÓTEMIS, *su hermana.)*

CRISÓTEMIS   ¡Electra! *(*ELECTRA *gira la cabeza y la interroga con la mirada.)* ¡Está nuestra madre buscándote como una loca!

(ELECTRA *se vuelve y sigue concentrada en su sacrificio ante la atenta mirada de* CRISÓTEMIS.)

ELECTRA No sé cómo detener la riada de lágrimas que se acumulan en mis ojos al visitar tu tumba, amado padre.

CRISÓTEMIS ¿Qué haces aquí?

ELECTRA ¿No lo ves? (CRISÓTEMIS *niega con la cabeza.*) Haciendo un sacrificio en recuerdo del mejor de los padres del mundo.

CRISÓTEMIS Más te valdría que dedicaras tu tiempo a cuidar a tu familia viva y no a recordar a un padre muerto.

ELECTRA ¿También me juzgas como nuestro padrastro?

CRISÓTEMIS No te juzgo. Intento aconsejarte, pero nunca me escuchas.

ELECTRA Si pretendes que aplauda a ese fantoche de rey que Clitemnestra puso en el trono solo por satisfacer su lujuria, puedes esperar sentada. Jamás saldrá de mi boca un solo elogio de Egisto.

CRISÓTEMIS Yo también los odio, pero intento ser práctica.

ELECTRA	¿Práctica?
CRISÓTEMIS	Vanas e infundadas me parecen tus esperanzas de ver algún día a nuestro hermano Orestes entrar por las puertas de palacio para vengar la muerte de Agamenón.
ELECTRA	Peor me parece rendirnos a la grosería de ver a Egisto sentado en el trono de Agamenón y soportar cómo nuestros hermanastros gozan de todos los privilegios que a nosotras nos niegan. ¡Alguno de ellos heredará la corona de Agamenón!
CRISÓTEMIS	Yo también los odio a todos, pero no sé cómo causarles daño sin perjudicarnos a la vez a nosotras.
ELECTRA	¿De qué te sirve ser mansa y obediente?
CRISÓTEMIS	Me permite ser libre y vivir en libertad.
ELECTRA	¿Dices que eres libre?
CRISÓTEMIS	(*Asintiendo con la cabeza.*) Me puedo mover con libertad por palacio y por Micenas. Si dejo de respetar sus órdenes, viviría vigilada como tú.
ELECTRA	Es terrible que, siendo hija de Agamenón, te hayas olvidado de él y solo te preocupes de la mujer que te dio a luz.

CRISÓTEMIS	Nuestro padre no vive y nuestra madre es quien gobierna. ¿Qué sentido tiene oponerse a sus mandatos si no es el de poner en riesgo nuestra libertad o nuestras vidas?
ELECTRA	Todas tus advertencias parecen estar dictadas por Clitemnestra.
CRISÓTEMIS	No quieres entender, Electra.
ELECTRA	O dejas de ser sensata o te olvidas de tu padre con el pretexto de ser sensata.
CRISÓTEMIS	¡Cómo te gusta simplificar las cosas!
ELECTRA	Me acabas de decir que odias a Egisto y a nuestra madre.
CRISÓTEMIS	Lo he dicho y te lo repito: los odio.
ELECTRA	Pero te asustas cuando te hablo de Orestes y te insinúo que podríamos vengarnos de ellos.
CRISÓTEMIS	Porque es una fantasía que has alimentado para sobrevivir en tu desconsuelo. Orestes no volverá.
ELECTRA	¿Por qué lo sabes?
CRISÓTEMIS	No volverá nunca.

ELECTRA	Yo sé que volverá.
CRISÓTEMIS	Ya debería haber vuelto en el caso de que siga vivo.
ELECTRA	¿Pretendes disuadirme de la venganza?
CRISÓTEMIS	Pretendo que seas realista y que no sueñes con imposibles. Asume la realidad y trata de ser feliz.
ELECTRA	¿Me estás pidiendo que sea tan cobarde como tú?
CRISÓTEMIS	Me insultas por intentar ayudarte.
ELECTRA	Te insulto porque no te hierve en las venas la idea de la venganza.
CRISÓTEMIS	No puedes vivir tan obsesionada.
ELECTRA	Agamenón fue asesinado por Egisto y Clitemnestra. Ese crimen clama venganza.
CRISÓTEMIS	(*Oponiéndose.*) No, Electra, la venganza no soluciona nada. ¿Cómo puedes estar tan segura de que fueron ellos?
ELECTRA	Se les nota en la mirada.
CRISÓTEMIS	Pero la justicia sostuvo que el asesino fue un soldado desleal y borracho.

ELECTRA	¿De qué justicia me hablas? ¿De la que está a sueldo de Egisto? ¡Valiente justicia independiente!
CRISÓTEMIS	Hay días que estás imposible.
ELECTRA	Pero sigo viva y con más sed de venganza cada año que pasa y los veo burladores con el cetro en sus cabezas. Este sueño es el que me mantiene con vida y me permite soportar las humillaciones a las que constantemente me están sometiendo.
CRISÓTEMIS	Deberías ser menos colérica y aprender a convivir en familia. Te iría mejor.
ELECTRA	¿Con los asesinos de nuestro padre? ¿Me estás pidiendo que les ponga buena cara y les diga palabras amables a quienes arrebataron por la fuerza la vida de Agamenón?
CRISÓTEMIS	¿Y si no hubiera ocurrido como tú piensas? ¿Y si hubiera sido como asegura la justicia?
ELECTRA	Si piensas así, tú también estás traicionando la memoria de tu padre asesinado. No puedes sentirte orgullosa de ser hija de Agamenón, sino una mujer acomodaticia y egoísta que solo vela por su bienestar.
CRISÓTEMIS	Por más que lo intentes, estoy acostumbrada a tus duras palabras. No me hacen daño.

¿Sabes? Venía a advertirte del gran peligro que corres y no me permites hablar.

(Se miran desafiantes en silencio.)

ELECTRA   Está bien. Dime qué peligros son esos.

CRISÓTEMIS   Te diré cuanto sé.

ELECTRA   Adelante.

CRISÓTEMIS   En el caso de que no cambies de actitud, tienen la intención de enterrarte viva en una cueva vigilada en la que jamás verás la luz del día y en donde en soledad podrás expresar tus lamentos y tus acusaciones. Nadie te escuchará. Piénsalo. Es el momento de volverte sensata y juiciosa.

ELECTRA   ¿De verdad piensan hacerme eso?

CRISÓTEMIS   Tan pronto como Egisto regrese del extranjero.

ELECTRA   *(Desafiante.)* ¡Entonces que regrese cuanto antes!

CRISÓTEMIS   ¿Pero no te das cuenta de la amenaza que se cierne sobre ti?

ELECTRA   No temo a quien luce sobre su cabeza el cetro de nuestro padre. ¡Él me protegerá!

CRISÓTEMIS	¡Insensata! Agamenón está muerto.
ELECTRA	Muerto por las manos asesinas de Egisto y Clitemnestra.
CRISÓTEMIS	Si se atrevieron a dar muerte a Agamenón, más fácil les será quitarte la vida a ti.
ELECTRA	Si veo peligro, huiré lejos de Micenas.
CRISÓTEMIS	¿Y perderás los lujos de palacio? ¿Vivirás humildemente en medio del campo?
ELECTRA	Con la cabeza alta y la conciencia en paz. No como otras.
CRISÓTEMIS	¡Electra! Me tratas como a tu enemiga, cuando soy tu hermana. Ten buen juicio, por favor, y cede, no pierdas la vida.
ELECTRA	Alto precio me pides que pague por vivir bien y convertirme en su esclava.
CRISÓTEMIS	El orgullo no es buen consejero.
ELECTRA	El orgullo es la mejor herencia que Agamenón me ha dejado.
CRISÓTEMIS	Si nuestro padre pudiera aparecerse ahora, te aconsejaría no enfrentarte a los poderosos y que vivieras una vida larga y feliz.

ELECTRA	Agamenón me llamaría cobarde si cedo al chantaje de los asesinos.
CRISÓTEMIS	Me vuelvo a Palacio. Yo te he dicho lo que pensaba.

(CRISÓTEMIS *inicia su mutis, pero se detiene ante la llamada de* ELECTRA.)

ELECTRA	¡Crisótemis!
CRISÓTEMIS	¿Sí?
ELECTRA	¡Espera! Anoche... Sí, anoche soñé que Orestes regresaba vivo con su daga, me entregaba otra a mí y me pedía que tú también nos ayudaras a vengarnos.
CRISÓTEMIS	¿Y?
ELECTRA	Orestes le clavaba la daga a Egisto, yo apuñalaba a nuestra madre y tú nos abrazabas entre sollozos de temor y de alegría a la vez.
CRISÓTEMIS	Ese sueño es prueba de tu obsesión. La vida es como es y ya nadie podrá devolvernos a nuestro padre con vida. Acéptalo, Electra, y podrás vivir sin tantos remordimientos.

(CRISÓTEMIS *hace mutis.* ELECTRA *se vuelve a dirigir al sepulcro de su padre.*)

ELECTRA   (*Al público, mostrando su pensamiento interior.*) ¿Qué harás, Electra? ¿Ser temerosa como tu hermana o cultivar la ilusión de la venganza? ¿Qué debo hacer, padre mío? ¿Quién me podrá orientar en estas horas de desconcierto? Camina, Electra, ten valor de enfrentarte a quienes te odian desde niña. ¡Ay, si mi hermano regresara de su incierto destino, podría luchar contra el infortunio y la pena! Orestes, ¿dónde estás? ¿Acaso vives? ¿Sabes ya por los que van de uno a otro confín de Grecia que nuestra madre tuvo más hijos y que será uno de ellos quien herede la corona de nuestro padre Agamenón? ¡Desgracia sobre desgracia! Aquí, padre, te acompaño con un grito de tristeza y clamores de dolor por tu injusta muerte. Dime, padre, la verdad de tu muerte. ¿Padre? ¿Me oyes? ¿Estás ahí?

Escena 5
El crimen fue en Micenas.

Flash back hacia el pasado. Se oye silbar el viento con fuerza. Vemos a AGAMENÓN *bebiendo vino y brindando con* EGISTO *y* CLITEMNESTRA. AGAMENÓN *está un poco bebido, trastabilla algunas palabras y se mueve con dificultad.*

AGAMENÓN   Al décimo año del asedio, nuestro ejército entró victorioso en Troya.

EGISTO   ¡Brindo por el gran héroe griego de la guerra!

                (Brindan los tres.)

CLITEMNESTRA   ¡Por Agamenón!

EGISTO   ¡Por las heroicas tropas de Micenas!

CLITEMNESTRA   ¡Por Aquiles!

AGAMENÓN   ¡Por mí mismo!

CLITEMNESTRA   *(Mira con odio a* AGAMENÓN.) ¿Por qué Sacrificaste a Ifigenia?

ELECTRA   (*No la ven ni la oyen. A* AGAMENÓN.) ¿Por qué sacrificaste a mi hermana?

AGAMENÓN   (*Desconcertado ante la pregunta directa de* CLITEMNESTRA.) Un rey toma decisiones que le duelen, pero necesarias para su pueblo.

CLITEMNESTRA   No te importó destrozarme el corazón con la muerte de mi hija menor. Solo por salvar a tu hermano Menelao.

ELECTRA   (*A* AGAMENÓN.) ¿De qué tenías que salvar a Menelao?

EGISTO   ¿Te sentiste orgulloso de haberla entregado a la muerte?

      (AGAMENÓN *asiente con la cabeza.*)

CLITEMNESTRA   ¡Ególatra!

AGAMENÓN   ¿Qué dices?

CLITEMNESTRA   ¡Te odio!

AGAMENÓN   Cumplí con mi obligación de rey. Y lo volvería a hacer con otro de mis hijos si fuera necesario para la salvación de mi pueblo.

ELECTRA   (*A* AGAMENÓN.) ¿Me sacrificarías también a mí?

CLITEMNESTRA	(*A* AGAMENÓN.) ¿A cuál de los tres sacrificarías?
AGAMENÓN	Ahora no es necesario sacrificar a ninguno.
ELECTRA	(*A* AGAMENÓN.) A mí no me importaría morir por salvarte la vida, padre.
EGISTO	El dolor de una madre exige reparación.
CLITEMNESTRA	(*A* AGAMENÓN.) Diez años padeciendo la ausencia de Ifigenia. Diez años llorando su pérdida. ¿Tú sabes lo que es ese dolor que se te clava en el estómago y no te abandona ni de noche ni de día?
AGAMENÓN	No tienes sentido de estado, Clitemnestra.
ELECTRA	(*A* AGAMENÓN.) Yo no te sacrificaría por ninguna razón de Estado. Nunca, padre. Nunca.
CLITEMNESTRA	(*Se adelanta al proscenio. Al público, mostrando su pensamiento interior.*) ¿Seré capaz de hacerlo? ¿Podré ayudar a Egisto y vengarme del sacrificio de Ifigenia? ¿Podré alzar la mano contra el rey de Micenas, el héroe de Troya, mi marido? ¿Qué sentimiento me quema por dentro que me impele a matarlo y a la vez me causa terror? ¿Es odio lo que siento por Agamenón y lujuria por Egisto? ¿O es deseo

de justicia? (*A* Agamenón.) ¿Por qué lo hiciste? ¿Era necesario sacrificarla?

Agamenón (*A* Clitemnestra.) Obré como pensé que era lo mejor para nuestro reino. Te lo acabo de decir. De verdad que lo siento.

Clitemnestra ¡Qué vas a sentir tú! Fuiste un traidor para toda tu familia y para mí.

Electra (*A* Agamenón.) Tú no eres un traidor. Eres un héroe. El héroe de Troya. Mi héroe.

Agamenón (*A* Clitemnestra.) ¿Acaso yo te he pedido cuentas de tus traiciones?

Electra (*A* Agamenón *y a* Clitemnestra.) ¿Por qué discutís? (*Nadie la ve ni la oye.*) No quiero que os peléis.

Clitemnestra ¡A quién se le ocurre pensar que después de desaparecer durante más de diez años iba yo a permanecer encerrada en casa sin conocer varón alguno! ¿Estás en tu sano juicio?

Agamenón (*A* Egisto.) Y tú, Egisto, ¿no me prometiste amistad eterna antes de partir para Troya? Un amigo verdadero no se acuesta con la mujer de su mejor amigo. Y no una noche ni dos, sino cientos de noches. Miles de noches.

EGISTO

(*Intenta justificarse.*) La soledad y las largas noches del invierno, tú tan lejos sin saber si vivías o si habías muerto... (*Al público, mostrando su pensamiento interior.*) ¿Qué sombra me persigue? ¿Será mi conciencia de culpa? ¿Cómo enfrentarme a la mirada limpia de mi amigo si he traicionado su confianza? Clitemnestra me está llevando a la locura. No quiero ser culpable de un asesinato. No quiero manchar mis manos con la sangre de Agamenón. ¿Pero acaso no es justo terminar con la vida de quien sacrificó a su propia hija? ¿No es el destino quien me impulsa a cometer un crimen? Si no ayudo a Clitemnestra, seré un cobarde. ¡Dioses del Olimpo! ¿Qué me aconsejáis: me comporto como un cobarde o consumo la traición? (*A* AGAMENÓN. *A modo de disculpa.*) Pensé que habías muerto en Troya.

CLITEMNESTRA

(*A* AGAMENÓN.) También tú habrás tenido un sinfín de amantes durante estos años. Por no hablar de esa cortesana que has traído a nuestro lecho.

ELECTRA

(*A* AGAMENÓN.) Que vuelva a Troya, padre. Que se vaya.

AGAMENÓN

Casandra es de sangre noble, princesa de Troya.

CLITEMNESTRA   Yo jamás hubiera aceptado ser tu concubina.

AGAMENÓN   Mi amante, que no es lo mismo.

CLITEMNESTRA   Juegas con las palabras. Pero lo cierto es que humillas a las mujeres a las que amas. ¡Eres despreciable, Agamenón!

AGAMENÓN   Un hombre puede amar a cuantas mujeres el destino le favorezca.

CLITEMNESTRA   Un hombre de verdad ama sin engaños a una sola mujer.

AGAMENÓN   ¿Y tú? ¿No me has engañado tú?

CLITEMNESTRA   Yo he ido de frente sin engañarte. Desapareciste, no pensé que volverías y me volví a enamorar. ¿Qué delito he cometido por amar a Egisto? Has vuelto y no quiero seguir contigo. Y te lo digo a la cara. Quizá me sería más fácil acumular amantes como haces tú. Pero no soy como tú. ¡Me das asco!

ELECTRA   (A AGAMENÓN.) Padre, nadie te querrá tanto como yo te quiero.

AGAMENÓN   Sois las mujeres las que faltáis a vuestro juramente de fidelidad con vuestros esposos. Te justificas por el sacrificio de Ifigenia. Pero no dudaste en ocupar mi lecho con mi mejor amigo. (*Irónico.*) Admirable, ¿no? (*Al público mostrando su pensamiento interior.*) ¡Agamenón, Agamenón! ¿Por qué lo hiciste? Ahora arrastras el mayor de los desgarros. De nada te sirve la gloria de mil batallas ni las lisonjas de cientos de mujeres que han acariciado tu cuerpo. ¿Acaso los dioses se aplacaron cuando sacrifiqué a Ifigenia? ¿No tardamos diez años en conquistar Troya? ¡Cuánto dolor y cuántas dudas aniquilan mi alma! (*A* CLITEMNESTRA.) Siempre te quise, Clitemnestra.

CLITEMNESTRA ¡Mentira! Nunca me has querido.

AGAMENÓN Sabes que me casé enamorado.

CLITEMNESTRA Y cuando te cansaste de disfrutar del lecho, te refugiaste en mil batallas y conquistaste a cientos de mujeres. He perdido la cuenta.

AGAMENÓN Exageras.

CLITEMNESTRA ¿Sabes por qué no has conseguido mantener el amor de ninguna de tus amantes, ni siquiera el mío?

ELECTRA (*A* CLITEMNESTRA.) ¿Por qué, madre?

CLITEMNESTRA Porque, una vez que nos seducías, te olvidabas de nosotras. No has sabido ser constante. Y, en lugar de confesar tu egoísmo, aparentabas dureza y virilidad luchando contra el enemigo. Como si eso fuera a enamorar a alguna mujer. Es algo muy diferente lo que nos atrae.

AGAMENÓN   ¿Ah, sí? ¿Qué es lo que os atrae?

CLITEMNESTRA   Prueba a ser honesto, a sentir lo que dices y a expresar tus sentimientos con sinceridad. Las mujeres somos sinceras. Ya no te amo, Agamenón. Es imposible que te quiera después de haber estado ausente durante diez años.

EGISTO   (*A* AGAMENÓN.) Nadie puede vivir atado a una castidad eterna.

AGAMENÓN   (*A* EGISTO.) ¡Cómo se nota que no te sobresale una cornamenta en la frente!

CLITEMNESTRA   (*A* AGAMENÓN.) ¡Es la opinión pública lo que te duele, Agamenón! Te duele lo que las gentes digan y murmuren de ti, no que tu mujer ya no te quiera.

ELECTRA   (*A* AGAMENÓN.) Pero yo te quiero, padre. Te querré siempre.

AGAMENÓN   (*A* CLITEMNESTRA.) A cada uno le duele lo que le duele.

CLITEMNESTRA   (*A* AGAMENÓN.) Pero ¡qué superficial eres!

AGAMENÓN   (*A* CLITEMNESTRA.) Y tú qué fácil eres que te acuestas con el primer hombre que te sonríe... Mejor dicho, ¡qué puta eres!

CLITEMNESTRA   ¡Agamenón!

(*Le da una bofetada espontánea.*)

EGISTO   (*En voz baja a* CLITEMNESTRA. *Con decisión.*) Ejecutemos nuestro plan y que calle para siempre.

CLITEMNESTRA   (*A* EGISTO.) ¿Ahora?

EGISTO   (*A* CLITEMNESTRA.) Ahora, que está borracho y no hay testigos.

CLITEMNESTRA   (*A* EGISTO.) ¡Vamos!

AGAMENÓN   (*Al verse amenazado.*) ¿Qué os habéis propuesto?

CLITEMNESTRA   Agamenón, mírame. (AGAMENÓN *la mira, mientras* CLITEMNESTRA *le quita la daga y lo amenaza con ella.*) ¡Púdrete en el averno!

ELECTRA   (*A* AGAMENÓN.) ¡Cuidado, padre, que te matan!

AGAMENÓN   (*A* CLITEMNESTRA.) ¿Qué haces?

EGISTO   (*Saca un hacha.*) ¡Despídete de la vida!

AGAMENÓN	¿Qué queréis?
CLITEMNESTRA	(*A* AGAMENÓN.) ¡Quitarte la vida como tú se la quitaste a Ifigenia!
AGAMENÓN	¡Basta ya! ¡Marchaos!
ELECTRA	(*Asustada.*) ¡No, madre! ¡No! ¡Quietos!
CLITEMNESTRA	(*Le clava la daga en el pecho.*) ¡Muere!
EGISTO	(*Le pega un hachazo.*) ¡Se terminaron tus días!
	(AGAMENÓN *yace en el suelo.* CLITEMNES-TRA *y* EGISTO *se abrazan y se besan. Los dos salen de escena.* ELECTRA *recoge el cadáver de* AGAMENÓN. *Lo arrastra. Pero* AGAME-NÓN *iluminado de forma onírica se levanta y se dirige a* ELECTRA. *Volvemos a estar en el presente frente a su tumba.*)
ESPECTRO DE AGAMENÓN	No tengas miedo, Electra.
ELECTRA	¿Qué voz es esa?
ESPECTRO DE AGAMENÓN	La de tu padre.
ELECTRA	Estás muerto. No es posible que seas tú. Despierta, Electra. No hagas caso de una visión sin fundamento.

ESPECTRO DE
AGAMENÓN | Soy Agamenón o, mejor dicho, el espectro de quien fui. (ELECTRA *intenta irse.*) ¡Quieta! ¡No te vayas! Tenemos que hablar, hija mía. Sígueme.

(*Camina hacia un lateral del escenario, seguido de* ELECTRA.).

ELECTRA | ¡Ya no te sigo más! ¿Adónde me llevas?

ESPECTRO DE
AGAMENÓN | (*Se detiene.*) Está bien. Aquí podemos hablar sin que nadie nos moleste. Escúchame.

ELECTRA | Te escucho.

ESPECTRO DE
AGAMENÓN | Pronto será mi hora de regresar a los tormentos de la laguna Estigia.

ELECTRA | ¡Pobre padre mío!

ESPECTRO DE
AGAMENÓN | No te lamentes. Electra. Y presta atención.

ELECTRA | Mi obligación de hija es escucharte.

ESPECTRO DE
AGAMENÓN | Y lo será también la de vengarte cuando hayas acabado de oírme.

Electra	¿Vengarme? ¿De quién?
Espectro de Agamenón	De quienes me arrebataron la vida y me convirtieron en el espectro de Agamenón, condenado a abrasarme por las culpas que cometí en vida. Si alguna vez me amaste...
Electra	Con todo mi corazón, padre mío.
Espectro de Agamenón	Debes vengar mi asesinato cruel y miserable.
Electra	Dime quiénes te asesinaron y me vengaré.
Espectro de Agamenón	¿Por qué me lo preguntas si lo sabes?

(*Hace el intento de salir de escena.*)

Electra	No te vayas. Espera. Y cuéntamelo todo. Necesito que confirmes mis sospechas.

(*El* Espectro de Agamenón *se detiene y mira a* Electra.)

Espectro de Agamenón	Aseguraron que mi muerte se debió a un soldado traidor que, en la soledad de mis aposentos, aprovechando las libaciones y el sopor que el vino me había causado,

me clavó un puñal y me golpeó la cabeza con un hacha.

ELECTRA

Eso es lo que me contaron que sentenció la justicia, pero nunca creí a mi madre.

ESPECTRO DE
AGAMENÓN

Esa bestia inmunda y adúltera me clavó mi propia daga. Fue rápida y astuta como el zorro.

ELECTRA

¡Serpiente venenosa!

ESPECTRO DE
AGAMENÓN

Aún latía mi corazón cuando su amante, Egisto, me golpeó en la cabeza con su hacha.

ELECTRA

¡Tierra y cielos! ¡Qué crimen más sanguinario!

ESPECTRO DE
AGAMENÓN

La lujuria y el deseo de reinar los llevó al crimen más nefando, Electra, hija mía.

ELECTRA

¿Y qué quieres que haga ahora que me has confirmado el crimen? (*El* ESPECTRO DE AGAMENÓN *se va difuminando.*) ¡Padre! ¡Espera! ¿Buscas en mí la venganza? (AGAMENÓN *ha desaparecido.*) ¡Zeus y divinidades del Olimpo, cruel destino me habéis confiado! ¡Pobre de mí! ¡Infeliz desgraciada que no tienes mando sobre soldado alguno, cómo podrás tomar venganza del asesinato cometido sobre tu amado padre! ¡Egisto, salvaje y traidor, mis manos vengadoras te arranquen de un cuajo corazón y cabeza! ¡Y a ti, madre libidinosa y arpía, te regalaré una muerte lenta y dolorosa! (*Se oyen pisadas.*) ¡Calla, Electra! Alguien viene. Disimula, no sepa nadie la conversación que has mantenido con el espectro de Agamenón. (*Disimula al ver a* CLITEMNESTRA *entrar en escena.*) Atenea, Venus y demás divinidades, con mi mechón de pelo quiero confiaros mi amor por mi difunto padre Agamenón y el mayor de mis aprecios por mi madre la reina Clitemnestra. ¡Oh, luz y fulgor del sol! ¡Oh tierra amada!

Escena 6
Recuerdo de un juramento.

> ORESTES y PÍLADES *en el exilio. En el campo.* PÍLADES *sostiene en sus manos la daga que le entregó* ELECTRA. *En el campo o entre montañas.*

PÍLADES (*Tendiéndole la daga.*) La he llevado conmigo desde que nos fuimos de Micenas. Es la daga de Agamenón que nos entregó Electra. ¿Recuerdas su voz triste al despedirnos?

ORESTES Aún me duele el corazón al recordarla.

PÍLADES ¿Y el juramento?

ORESTES Juramos vengar la muerte de Agamenón. No lo he olvidado.

PÍLADES ¡Que la sangre de Clitemnestra y Egisto limpien sus ofensas!

ORESTES (*Toma la daga.*) Todos estos años he cargado con el juramento impidiéndome dormir bien por las noches. La voz de Electra y la mirada de mi padre me persiguen en sueños y también despierto. Pero a veces dudo de qué debo hacer.

PÍLADES   Dudar es propio de los hombres inteligentes.

ORESTES   Han pasado los años y no encuentro motivos suficientes para regresar.

PÍLADES   No deberías sentirte obligado.

ORESTES   Un juramento no vence nunca.

PÍLADES   El transcurrir de la vida puede hacernos mudar de opinión, Orestes. De esta manera, sería lícito olvidarnos del juramento.

ORESTES   ¿Qué dices?

PÍLADES   Que tal vez podríamos dejar que el tiempo borre nuestras heridas en lugar de abrirlas otra vez.

ORESTES   ¡Olvidarnos sería traicionar a Electra, a Agamenón y a los mismos dioses del Olimpo!

PÍLADES   En Micenas no habrá nadie que quiera traicionar a Egisto. Todos le temen.

ORESTES   Yo no le temo.

PÍLADES   Nos vendría bien encontrar aliados y nos los vamos a encontrar.

ORESTES	¿Podremos vivir renunciando a cumplir la palabra que dimos? ¿Tendrían acaso sentido nuestras vidas si olvidamos aquel juramento?
PÍLADES	No podemos vivir encadenados a la sombra de un juramento.
ORESTES	No tengo reino ni riquezas ni siquiera un ejército. Si algo tengo es mi palabra. No puedo perderla por seguir con vida.
PÍLADES	Electra nos hizo jurar, pero ese juramento era suyo, no nuestro. Lo hicimos en un momento de profundo dolor y resentimiento. No teníamos elección.
ORESTES	¿Elección? ¿Acaso mi padre tuvo elección cuando fue asesinado a traición? Con esta misma daga Clitemnestra le cortó el cuello. Electra me la entregó para que algún día pudiera vengarme y honrar la memoria de nuestro padre.
PÍLADES	En aquel momento los dos deseábamos vengar la muerte de Agamenón. Pero hoy tu padre me diría que te protegiera y no te expusiera a peligros innecesarios.
ORESTES	Electra me salvó la vida, arriesgando la suya. ¿Qué pensará de mí si no regreso?
PÍLADES	No sabemos si ella continúa con vida.

ORESTES   Tendremos que regresar para averiguarlo.

PÍLADES   La venganza no produce la satisfacción
                  que te imaginas.

ORESTES   No podré vivir el resto de mis días pen-
                  sando que soy un cobarde.

PÍLADES   ¡Adelante, entonces! No se hable más.
                  Regresemos a Micenas. (*Mira al cielo.*)
                  ¡Troya nos aguarda, Agamenón!

Escena 7

El gran combate dialéctico entre Electra y Clitemnestra.

En el palacio de AGAMENÓN.

ELECTRA   ¿A qué debo tu visita, madre? Estoy feliz de verte.

CLITEMNESTRA   No seas hipócrita, Electra. ¿Cuándo te ha gustado verme?

ELECTRA   Nunca, es cierto. Me quedo indiferente cada vez que te veo.

CLITEMNESTRA   Allá tú. Pero por tu propio bien deberías ser más amable con Egisto.

ELECTRA   ¿Con el hombre que me ha arruinado la vida?

CLITEMNESTRA   (*Muestra paciencia.*) Con el hombre que hoy es el rey de estas tierras, soberano y señor tuyo.

ELECTRA   ¿Quieres que me humille ante el hombre con el que contrajiste vergonzoso matrimonio tras haber mancillado el lecho de mi padre?

CLITEMNESTRA	Con el hombre que mantiene la paz en nuestro reino y haces feliz a nuestra familia.
ELECTRA	El que pervierte a una mujer casada acostándose con ella no merece mi respeto.
CLITEMNESTRA	(*No quiere perder la paciencia.*) Tu comportamiento no es propio de la hija de una reina.
ELECTRA	(*A lo suyo.*) Egisto se casó contigo para arrebatarte fortuna y corona.
CLITEMNESTRA	¡Me amaba!
ELECTRA	¡Tonterías! Amaba tu riqueza y tu poder.
CLITEMNESTRA	¡Eso es una calumnia!
ELECTRA	Jamás aprobé que lo sedujeras cuando mi padre estaba en Troya.
CLITEMNESTRA	¿Y qué crees que hizo tu padre en la guerra durante tantos años?
ELECTRA	Luchar contra los troyanos.
CLITEMNESTRA	Y traerse a una joven enloquecida y poseída por los dioses.
ELECTRA	¿Te refieres a Casandra?

CLITEMNESTRA   Sí, a Casandra, a quien metió en el lecho conyugal nada más regresar de Troya. ¿Qué mujer podría resistir semejante ofensa?

ELECTRA   Tratas de confundirme.

CLITEMNESTRA   Cuando el hombre desprecia a la mujer con la que convive, la mujer debe imitar al hombre y buscarse otro amante.

ELECTRA   Agamenón jamás te despreció.

CLITEMNESTRA   No sé cómo te pones siempre de su parte. Piensa que a los hombres todo se les permite y a la mujer nos condenan solo por amar.

ELECTRA   No trates de justificarte. Te acostabas con Egisto antes de que Agamenón regresara con Casandra.

CLITEMNESTRA   ¿Qué puedes reprocharle a Egisto, si defendió mi honor y el de nuestra familia? ¡No vuelvas a hablarle como sueles hacerlo!

ELECTRA   Le hablaré siempre como me parezca oportuno.

CLITEMNESTRA   ¡Ingrata!

ELECTRA   No le debo nada a ese hombre.

CLITEMNESTRA   Estoy harta de tus improperios y difamaciones contra Egisto y contra mí sin ningún fundamento.

ELECTRA   Eras la única mujer que estaba contenta si la guerra les iba bien a los troyanos, porque necesitabas que Agamenón no volviera de Troya.

CLITEMNESTRA   No es cierto.

ELECTRA   Gozabas plenamente de tus amores con Egisto, que te regalaba los placeres libidinosos que tanto aprecias. Podrías haber sido más prudente.

CLITEMNESTRA   Definitivamente, Electra, has perdido el juicio.

ELECTRA   Y si, como me dices a menudo, mi padre mató a Ifigenia, ¿en qué te ofendimos mi hermano y yo? ¿Por qué en lugar de integrarnos en la vida de palacio intentaste dar muerte a Orestes y provocaste su exilio?

CLITEMNESTRA   ¡Eso es mentira! Tú quisiste que se fuera de Micenas y se lo entregaste a Pílades para que huyeran. Orestes no corría peligro. ¡Pobre hijo mío! ¡Cuánto lloré su ausencia!

ELECTRA   ¡No seas falsa! Todavía recuerdo lo que ordenaste a los soldados. Y después ofreciste una gran recompensa si alguien lo apresaba o lo devolvía muerto a palacio.

CLITEMNESTRA   ¡Vivo o muerto! ¿Qué crimen es ese de querer hallar a un hijo desaparecido?

ELECTRA   Manipulas la realidad para parecer inocente.

CLITEMNESTRA   ¡Soy inocente!

ELECTRA   ¿Por qué me escondes en las habitaciones más recónditas de palacio impidiéndome trato con persona alguna fuera de los criados?

CLITEMNESTRA   Para que nadie vea que la hija de Agamenón se ha vuelto loca. La hija de un héroe debe conservar intacta su fama.

ELECTRA   (*A gritos. Violenta.*) ¡Mentira! ¡La única verdad es que intentaste matar a Orestes, mataste a Agamenón y a mí me estás intentando matar en vida!

CLITEMNESTRA   ¡No maté a tu padre! ¿Cuántas veces debo repetírtelo? ¡No-lo-ma-té!

ELECTRA   ¿Por qué niegas las evidencias?

CLITEMNESTRA   No te permito que sigas diciendo esas falsedades con una insolente soberbia. ¡Estoy harta de que hables mal de mí!

ELECTRA   Hablo de ti como te mereces.

CLITEMNESTRA   Vives escondida en tus malos pensamientos, creyendo que Egisto y yo matamos a tu padre. Y te he repetido mil veces que eso no es cierto. ¡No-lo-ma-ta-mos!

ELECTRA   Tú sabes que sí.

CLITEMNESTRA   ¡No! La justicia, y tú lo sabes muy bien, dictaminó que fue un soldado traidor quien dio muerte a tu padre una noche en que había bebido más de la cuenta y no podía manejar su espada para defenderse.

ELECTRA   Tenías comprados a los jueces.

CLITEMNESTRA   Si fueras una persona sensata, creerías en la justicia.

ELECTRA   La justicia está corrupta.

CLITEMNESTRA   ¿Sabes que con tus obsesiones te estás creando fama de loca?

ELECTRA   Solo los locos dicen las verdades.

CLITEMNESTRA   Jamás podrás demostrar tus calumnias.

ELECTRA   Si hubiera justicia, Egisto y tú deberíais estar condenados a muerte.

CLITEMNESTRA   ¡Pagarás cara tu soberbia!

ELECTRA   ¿Más aún?

CLITEMNESTRA   No sabes hasta dónde puede llegar mi inquina.

ELECTRA   Encierras en tus pechos el veneno más mortífero conocido, Clitemnestra.

CLITEMNESTRA   (*Altiva.*) Prefiero que me llames madre.

ELECTRA   Si hubieras sido una madre para mí, te llamaría madre. Pero no puedo llamarte más que Clitemnestra. Tu deseo fue más poderoso que tu piedad. No eres más que una vulgar cortesana, una ramera asesina.

CLITEMNESTRA   (*Le da una bofetada.*) ¡Electra! (*Se miran desafiantes.*) Por más que me insultes, jamás me sentiré atormentada por tus falsas acusaciones. Si sigues difamándonos, tal vez tu suerte no la envidie ningún habitante de nuestro reino.

ELECTRA   Algún día los dioses te recordarán el crimen cometido en Micenas.

CLITEMNESTRA   ¿Me estás amenazando?

ELECTRA   (*Asintiendo con la cabeza.*) Algún día Orestes regresará y entonces...

CLITEMNESTRA   Si tu hermano vive, no regresará nunca.

ELECTRA	¡Ya verás cómo regresa! Y ese día temblarás como una gacela indefensa.
CLITEMNESTRA	Destilas odio y rencor.
ELECTRA	Tienes razón. Te odio con todas mis fuerzas.
CLITEMNESTRA	Cuando regrese Egisto de su viaje, no te escaparás de recibir tu escarmiento. Y ahora vamos a dejar esta conversación. No quiero oírte decir más tonterías.
ELECTRA	¿Tanto miedo te causan mis palabras?
CLITEMNESTRA	¡No seas ilusa! ¿Qué miedo me puedes causar tú?
ELECTRA	Vigila las sombras en las noches, no sea que te sorprendan en mitad del silencio.
CLITEMNESTRA	¡Basta ya! ¡No te aguanto más!
ELECTRA	Da gracias a que la cólera solo se ha apoderado de mi lengua y no de mis actos. No sé de lo que sería capaz.
CLITEMNESTRA	(*Desafiante.*) ¿De qué, Electra?

Escena 8
El engaño: la falsa muerte de Orestes.

A continuación. Entra PÍLADES, *enviado por* ORESTES, *al palacio de* CLITEMNESTRA *y* EGISTO. PÍLADES *es un hombre de cuarenta y tantos años.*

PÍLADES   Señoras…

CLITEMNESTRA   ¿Sí?

PÍLADES   ¿Cómo podría saber con seguridad que este es el palacio del rey Egisto?

CLITEMNESTRA   En él te encuentras, extranjero. ¿A quién buscas?

PÍLADES   A la reina Clitemnestra.

CLITEMNESTRA   Ya no debes buscar más. Estás ante ella.

PÍLADES   ¿Puedo hablar sin reservas en presencia de esta otra mujer?

ELECTRA   Habla.

PÍLADES   ¿Y tú quién eres?

ELECTRA	La hija del rey Agamenón.
PÍLADES	¿Electra?
ELECTRA	La misma.
CLITEMNESTRA	Ya sabes quiénes somos. Acompáñame y hablaremos en privado.
PÍLADES	No. Mejor aquí. También le afecta a Electra lo que he venido a contar.
ELECTRA	¿A mí?
CLITEMNESTRA	¿Qué es eso que con tanto misterio todavía no desvelas?
PÍLADES	Vengo a anunciaros un importante acontecimiento.
CLITEMNESTRA	(*Impaciente.*) Habla de una vez.
PÍLADES	Orestes... Orestes ha muerto.
ELECTRA	(*Horrorizada.*) ¡No es posible!
CLITEMNESTRA	(*Disimulando su alegría.*) ¡Qué dices, extranjero!
PÍLADES	La verdad. Orestes, mi señor, ha muerto
ELECTRA	Infeliz de mí. Yo también me muero.

CLITEMNESTRA	(*Burlona.*) Muérete si quieres, Electra. Pero deja al extranjero que nos cuente cómo murió Orestes.
PÍLADES	A eso he sido enviado.
CLITEMNESTRA	Empieza de una vez.
PÍLADES	En los juegos délficos, orgullo de Grecia, a donde el difunto Orestes había acudido para participar y demostrar su fortaleza física, a la par de la de su padre el rey Agamenón.
ELECTRA	¡Desgraciada de mí! ¡Mi padre y mi hermano, muertos!
CLITEMNESTRA	(*A* ELECTRA.) A llorar a tu cuarto. Y deja hablar al extranjero. Quiero saber cómo murió mi hijo. (*A* PÍLADES.) Sigue contando, por favor.
PÍLADES	Orestes participó en las carreras a pie y en todas obtuvo el triunfo. Veloz como el rayo, dejaba atrás a los demás corredores con enorme facilidad. ¡Qué joven tan admirable! Obtuvo los premios en todas las carreras en las que participó. Y también ganó en los saltos, en los lanzamientos de disco y en las luchas, en todas las pruebas alcanzó la victoria. Todos lo aclamaban ya como el heredero del rey Agamenón.

Había pensado regresar a su patria para solicitaros que lo nombrarais legítimo heredero al trono.

CLITEMNESTRA ¡Qué descaro!

ELECTRA (*Muy preocupada.*) ¿Pero ha muerto de verdad?

PÍLADES Tan muerto como mi abuelo... Con perdón.

CLITEMNESTRA (*Muy interesada.*) ¿Qué pasó después de ganar tantas pruebas? Abrevia el relato con la conclusión.

PÍLADES Voy, señora. Un poco de calma, que el atropellarse embaraza la expresión de las ideas.

CLITEMNESTRA (*Impaciente por confirmar la muerte de* ORESTES.) ¿No podrías resumir un poco tu narración?

PÍLADES No te impacientes, señora, que vengo con la orden de contarlo bien, pues Orestes era tu hijo y debes conocer cómo fue su muerte.

CLITEMNESTRA Pues eso. ¿Cómo fue?

PÍLADES En la prueba del último día, animado por un público ansioso de emociones, decidió disputar la carrera de cuadrigas, en la que era inexperto.

ELECTRA   ¡Malditas cuadrigas!

PÍLADES   En la última vuelta el eje de las ruedas de su cuadriga se bloqueó. Orestes intenta corregir la dirección con su látigo, con tan mala fortuna que el látigo se queda enganchado en el eje y con la fuerza de la violenta carrera cae arrastrado entre los caballos y la pista. Su cuadriga comienza a golpearse con las cuadrigas rivales y nadie puede detener la carrera para salvar su vida. Cuando todas detienen su marcha, Orestes no se levanta del suelo. Consumido por las heridas y la sangre, un médico comprueba su muerte. Murió desangrado por los terribles golpes que recibió al caerse.

ELECTRA   (*Con enorme tristeza.*) ¡Pobre Orestes!

CLITEMNESTRA   (*Con frialdad.*) ¿Y sufrió mucho mi hijo con esa muerte tan violenta?

PÍLADES   ¡Imagínate! Pero murió como un héroe, como el hijo del gran general Agamenón. Su padre se hubiera sentido orgulloso de él. No gritó ni se quejó durante el accidente.

CLITEMNESTRA   (*Falsa.*) ¡Ay, pobre madre, que así has escuchado infortunio tan enorme, destino tan trágico y desgracia tan lamentable, que me deja sumida en un mar de lágrimas!

ELECTRA   (*Con desprecio.*) No seas hipócrita, señora. No estás afligida, sino feliz.

CLITEMNESTRA   (*Aparentando aflicción.*) No me hables así, hija mía, en el día que tengo que oír la muerte de mi hijo Orestes. Estoy destrozada, extranjero.

PÍLADES   ¿Cómo te desesperas tanto, señora, al escuchar mi relato si hacía años que no veías a tu hijo?

CLITEMNESTRA   ¿Crees que una madre no sufre la pérdida de un hijo?

ELECTRA   (*Con dureza.*) Quítate la careta, Clitemnestra, y confiesa que estás alegre y contenta por la muerte de Orestes.

CLITEMNESTRA   Está bien, Electra. No disimularé más. (*A* PÍLADES. *Sincera.*) La noticia que nos has relatado, extranjero, me llena de alegría y satisfacción. Se acabaron mis noches de insomnio vigilando una sombra extraña acercándose a mi lecho. Ahora podré descansar tranquila, sabiendo que mi vida no corre peligro, que ningún hombre vendrá a clavarme un puñal en mi pecho. Extranjero, puedes regresar a tu país. (*A* ELECTRA.) Y tú, Electra, enciérrate en tu habitación a llorar tus penas. No salgas hasta que regrese Egisto y te envíe a algún lugar en el que dejes de difamarnos y puedas llorar tus penas en soledad eterna.

PÍLADES   Con vuestro permiso, regreso a mi país.

ELECTRA   ¡Espera!

PÍLADES   ¿Sí?

ELECTRA   Tu voz, tu mirada... Me recuerdas a... ¿Eres...? ¿Eres...? (PÍLADES *comienza el mutis sin responder.*) Si eres quien imagino, no te vayas todavía. ¡Aguarda un momento!

PÍLADES   Me confundes con otra persona. Jamás te he visto.

(PÍLADES *sale.*)

"

Me
confundes
con otra
persona.
Jamás
te he visto.

"

Escena 9
Soledad de Electra para su venganza.

En el palacio de Argos. CRISÓTEMIS *y* ELEC-
TRA. *A continuación de la escena anterior.*

CRISÓTEMIS   Mi amadísima hermana, muda tu rostro
y sonríe feliz.

ELECTRA   Solo tengo motivos para quejarme a los dioses y derramar lágrimas sobre el mundo.

CRISÓTEMIS   Te traigo noticias que te alegrarán.

ELECTRA   Mi dolor ya no tiene remedio.

CRISÓTEMIS   Orestes está en casa.

ELECTRA   ¡Qué tonterías dices!

CRISÓTEMIS   Es tan verdad como que tú me estás vien-
do ahora.

ELECTRA   ¿Te has vuelto loca y te burlas de nuestras desgracias?

CRISÓTEMIS   No me burlo de nadie. Nuestro hermano
ha venido y está aquí.

ELECTRA	¿No estarás soñando?
CRISÓTEMIS	Confía en mí.
ELECTRA	No estoy para bromas, Crisótemis.
CRISÓTEMIS	Yo misma he visto indicios claros.
ELECTRA	¡Has perdido la razón!
CRISÓTEMIS	Déjame hablar y te darás cuenta de si estoy cuerda o loca.
ELECTRA	Habla antes de que pierda la paciencia.
CRISÓTEMIS	Vengo de la tumba de nuestro padre y la he visto coronada de flores.
ELECTRA	Cualquiera ha podido llevar flores al túmulo de Agamenón.
CRISÓTEMIS	¡Espera! Déja que te cuente. Verás. Cuando estaba frente a la tumba de Agamenón, miro a un lado y a otro no sea que nuestra madre me hubiera tendido una trampa. No hay nadie. Me acerco a recoger el ramo y descubro... ¿Sabes lo que he encontrado llena de asombro?
ELECTRA	¿El qué?
CRISÓTEMIS	¡Un rizo de pelo joven recién cortado!

ELECTRA	¿Qué prueba eso?
CRISÓTEMIS	Es una señal de Orestes.
ELECTRA	¡Pobre ingenua!
CRISÓTEMIS	Que sí, Electra. Que se me saltaron las lágrimas de alegría al descubrirlo. Estoy convencida de que esta ofrenda es de nuestro hermano. Porque estas flores solo podían ser nuestras o suyas. Si tú y yo no las hemos dejado en la tumba de Agamenón, solo ha podido ser Orestes. Desde luego nuestra madre no ha sido. ¿No te alegras?
ELECTRA	(*Niega con la cabeza.*) Tampoco te alegrarás cuando oigas mi relato.
CRISÓTEMIS	Estas ofrendas fúnebres solo pueden ser de Orestes.
ELECTRA	¡Cómo te compadezco por tu inocencia! ¡Orestes está muerto!
CRISÓTEMIS	¡Qué disparate es ese!
ELECTRA	Nuestras esperanzas de salvación se han desvanecido.
CRISÓTEMIS	¿Cómo sabes que está muerto?
ELECTRA	Nos lo acaba de revelar un extranjero a nuestra madre y a mí.

CRISÓTEMIS	¿Dónde está ese extranjero?
ELECTRA	Ya se ha ido. De regreso a su país. Supongo.
CRISÓTEMIS	¿Quién era?
ELECTRA	Me pareció Pílades. Pero había envejecido y no quiso decir quién era.
CRISÓTEMIS	¿Cómo sabía de la muerte de nuestro hermano?
ELECTRA	La vio con sus propios ojos. Según nos ha contado, Orestes murió en una carrera de cuadrigas.
CRISÓTEMIS	¡Por Zeus! ¡No puedo creerte!
ELECTRA	Tendremos que hacernos a la idea.
CRISÓTEMIS	¿Y quién ha depositado entonces las flores?
ELECTRA	El extranjero. Bueno, Pílades.
CRISÓTEMIS	¡Ay de mí! ¡Orestes muerto! ¿Qué haremos ahora?
ELECTRA	Si confías en mí, te verás libre de las cadenas de tu tristeza.
CRISÓTEMIS	Es imposible resucitar a un muerto.

ELECTRA	Lo sé. Pero juntas podremos vengar la muerte de nuestro padre. ¿Me ayudarás?
CRISÓTEMIS	(*Dubitativa.*) ¿Qué quieres que haga?
ELECTRA	Ya sabes que aquí no contamos con ningún amigo. Mientras pensaba que Orestes estaba vivo, mantenía la esperanza de que pudiera volver para vengarnos de la muerte de Agamenón. Pero ahora que está muerto solo tú puedes ayudarme a vengar su muerte.
CRISÓTEMIS	Pero será muy peligroso.
ELECTRA	Si no lo hacemos, podrías verte privada de la herencia de nuestro padre. (CRISÓTEMIS *se encoge de hombros.*) Sabes que Egisto no permitirá que te cases y puedas tener descendencia para asegurar que su primogénito herede su corona. Si te vengas conmigo, las gentes te elogiarán como mujer valiente y ejemplar. (*Intenta convencerla estimulando su ambición.*) Y como hermana mayor, una vez muerto Orestes, tú podrías heredar la corona.
CRISÓTEMIS	(*Con deseo contenido.*) ¿La corona?
ELECTRA	Las gentes nos respetarán por nuestro valor y decisión. Tomemos venganza y librémonos de la humillación en la que vivimos y del dolor que nos invade.

CRISÓTEMIS	(*Mostrando dudas.*) ¿Has pensado que tus manos son más débiles que las de tus enemigos? (*Al público mostrando su pensamiento interior.*) ¿Debo permitir que el odio nos consuma a las dos? ¿Matar a nuestra madre, a quien nos dio la vida? ¿Actuaremos bien si levantamos la mano contra ella? Yo quiero paz, no más muertes en este palacio. Sin embargo, la voz de mi padre resuena en mi interior. ¿Qué debo hacer? ¿Seguir el impulso de la venganza o el camino de la prudencia? (*A* ELECTRA.) Considera que, si no logramos dar muerte a Egisto, perderemos nuestra posición aquí y tal vez la vida.
ELECTRA	¿Por qué dudas?
CRISÓTEMIS	No es tarea fácil lo que me propones.
ELECTRA	Sabía que no te atreverías.
CRISÓTEMIS	Mujer…
ELECTRA	Siempre has sido débil y asustadiza.
CRISÓTEMIS	Prudente.
ELECTRA	Está bien. Lo haré yo sola. No te preocupes. Vengaré también en tu nombre el asesinato de Agamenón.

CRISÓTEMIS   ¿Por qué no te vengaste hace años? ¿Por qué has esperado hasta ahora?

ELECTRA   Me faltaba el valor que ahora tengo.

CRISÓTEMIS   Además de valor necesitas un plan y una estrategia que te conduzcan al éxito.

ELECTRA   Hablas como una sabia, pero te comportas como una gallina cobarde.

CRISÓTEMIS   Te querré también cuando hables bien de mí.

ELECTRA   Márchate ya, puesto que en nada me vas a ayudar.

CRISÓTEMIS   No quiero que te equivoques y perderte también a ti.

ELECTRA   Vete con tu madre y cuéntaselo todo.

CRISÓTEMIS   Sabes que no lo haré.

ELECTRA   Tu silencio no me sirve de gran ayuda.

CRISÓTEMIS   Deberías recuperar el buen juicio.

ELECTRA   ¿Y para qué lo quiero? ¿Para seguir soportando al tirano y asesino de nuestro padre? ¿Para escuchar por las noches los aullidos de placer de nuestra madre, que está mancillando el tálamo de Agamenón?

¿Para consentir con nuestro silencio cómplice el reinado de unos asesinos?

CRISÓTEMIS   Para mantenerte con vida.

ELECTRA   No quiero vivir sin honra.

CRISÓTEMIS   ¿No abandonarás tu sed de venganza?

ELECTRA   ¡Jamás!

CRISÓTEMIS   Deberías desistir de tus propósitos. Podrías perder la vida.

ELECTRA   Hace tiempo que tomé esta decisión.

CRISÓTEMIS   Me marcho, pues tú no aprecias lo que te digo y yo no apruebo tu venganza.

ELECTRA   Ve a palacio. Y guarda silencio. Con eso me conformo.

Escena 10
Confirmación del plan de Orestes.

En una esquina del escenario. PÍLADES *está buscando a alguien.* ORESTES, *escondido, lo llama.*

ORESTES   ¡Pílades!

PÍLADES   ¡Orestes!

ORESTES   ¿Cómo ha ido?

PÍLADES   Están convencidas de que has muerto.

ORESTES   ¡Bien! ¿Y te han reconocido?

PÍLADES   Electra lo ha sospechado, pero no le he dicho quién era.

ORESTES   ¿Y mi madre?

PÍLADES   Clitemnestra ha expresado su gozo por tu falsa muerte.

ORESTES   ¿Le pudiste entregar mi carta a Electra?

PÍLADES   No pude. Clitemnestra permaneció presente durante toda la conversación.

ORESTES   Tendrás que regresar y hacerle saber en secreto que estoy vivo.

PÍLADES   Voy.

ORESTES   Ahora no. Aguarda. Déjame pensar.

Escena 11
La venganza se cumple.

> *Dormitorio de* CLITEMNESTRA *en el palacio de Micenas. Es de noche. La luz de las antorchas proyecta sombras en los muros.* CLITEMNESTRA *y* EGISTO *están echados en el lecho. Entran* ELECTRA, ORESTES *y* PÍLADES. EGISTO *salta de la cama, coge su espada y, cobarde, trata de huir.* PÍLADES *se interpone en su camino.* ORESTES *se muestra inseguro y dubitativo.*

PÍLADES   ¿Adónde vas?

EGISTO   ¡Aparta!

PÍLADES   ¡Ha llegado tu hora, traidor!

EGISTO   ¡Imbécil! ¡Te mataré!

> (EGISTO *y* PÍLADES *combaten con sus espadas. Se mueven por la habitación e incluso pueden salir de escena y volver.*)

CLITEMNESTRA   (*Mira con frialdad a* ELECTRA *y a* ORESTES.) ¿Después de tantos años de reproches

y de insultos te has decidido a matarme,
Electra?

ELECTRA   ¡Ha llegado tu hora, madre!

CLITEMNESTRA   ¿Tú también, Orestes, hijo mío?

ORESTES   Cumplo con un juramento.

CLITEMNESTRA   ¿Tanto odio me guardáis?

ELECTRA   Vamos a liberar a Micenas del charco de
sangre que dejaste al asesinar a nuestro
padre.

(*El espectro de* AGAMENÓN *se aparece. Hablará, pero nadie le oirá.*)

EGISTO   (*A* CLITEMNESTRA.) ¡Huye, rápido!

PÍLADES   ¡Calla, asesino!

EGISTO   (*A* CLITEMNESTRA.) ¡Avisa a la guardia, que
nos matan!

PÍLADES   ¡Nadie te librará de la muerte, cobarde!

AGAMENÓN   (*A* PÍLADES.) ¡Cuidado, Pílades! ¡Por la derecha! (*A* EGISTO.) ¡Viejo usurpador, esta
noche acabarán tus días! ¡Bravo, Pílades!
¡Acaba de una vez con él!

CLITEMNESTRA   (*A* ELECTRA.) ¿Por qué me acusáis de matar a vuestro padre?

ELECTRA   ¡Por fin ha llegado tu hora!

CLITEMNESTRA   ¿Por qué quieres vengar la muerte de ese criminal que sacrificó a tu hermana Ifigenia? ¿No te he dado una vida rica y próspera durante estos años?

ELECTRA   ¿A mí? ¡Me has humillado y maltratado!

CLITEMNESTRA   ¡Eres una ingrata, Electra! ¡Una ingrata y una acomplejada!

ELECTRA   ¿Acomplejada?

CLITEMNESTRA   Desde niña no querías más que meterte en la cama entre tu padre y yo, no resistías que tu padre me abrazara y me deseara. Te ponías celosa y tu padre tenía que abrazarte y besarte para que dejaras de llorar. ¡Qué obsesión tenías con estar siempre en brazos de tu padre!

ELECTRA   ¿Me reprochas haber querido a mi padre?

CLITEMNESTRA   Más que quererlo lo deseabas, sobre todo de adolescente. Cuando volvió de Troya, lo devorabas con la mirada. Eso no era sano.

ELECTRA   ¡Bobadas!

AGAMENÓN	(*A* CLITEMNESTRA.) Siempre tuviste celos. No soportabas la idea de que Electra me quisiera más a mí que a ti. Desde bebé prefería mis brazos a los tuyos.
CLITEMNESTRA	Y la obsesión por tu padre te lleva ahora a querer vengarte de mí matándome. ¿Qué es eso si no una perversión de hija enamorada de su padre?
ELECTRA	¡No la escuches, Orestes!
ORESTES	Madre, ¿es eso cierto? ¿Electra estaba enamorada de Agamenón?
	(CLITEMNESTRA *asiente con la cabeza*.)
ELECTRA	(*A* CLITEMNESTRA.) Intentas manipularnos para salvarte. Pero me has arruinado la vida. Me has encerrado en este palacio de cristal para que nuestro pueblo no conociera el crimen que cometisteis Egisto y tú. Ahora lo sabrán de mi propia boca.
ORESTES	(*Dudando*.) Madre... Electra... Tal vez haya otro camino.
ELECTRA	¿Otro camino?
ORESTES	¿Y si la perdonáramos?
AGAMENÓN	(*A* ORESTES.) ¡No vaciles! ¡Clávale la daga y acaba con ella!

ELECTRA   ¿Perdonarla?

ORESTES   Eso he dicho.

CLITEMNESTRA   Claro, Orestes, ¿por qué cometer un crimen inútil contra una pobre vieja, que solo desea vuestro bien? Ahora que has regresado, podremos abdicar la corona en ti, hijo mío. ¿Quién mejor que tú para ser el nuevo rey de Micenas?

ORESTES   ¿De verdad habías pensado en abdicar la corona?

CLITEMNESTRA   ¡Nadie mejor que tú para coronarse rey!

ELECTRA   ¡No la escuches, Orestes! ¡Intenta engañarte!

EGISTO   Es nuestra madre, Electra. ¿No deberíamos dejarla con vida?

ELECTRA   ¿Para que Egisto y ella sigan mancillando la memoria de Agamenón? ¿Y nuestro juramento? ¿Y la sangre de nuestro padre?

CLITEMNESTRA   (*Suplicante.*) Hijo mío, escúchame. Soy inocente por más que me acuséis sin fundamento. Y también soy tu madre. Te di la vida, te cuidé de niño y te protegí todo lo que pude. ¿Por qué vas a manchar ahora tus manos con mi muerte?

ELECTRA	(*A* CLITEMNESTRA.) ¡Calla! ¡No lo manipules más con tu palabrería! (ORESTES *baja la daga*.) ¡Mírame, Orestes! Clitemnestra dejó de ser nuestra madre el día en el que le clavó a nuestro padre su daga, la que ahora escondes entre tu ropa y recibiste de mis manos el mismo día en que Agamenón fue asesinado por ellos.
AGAMENÓN	(*A* ORESTES.) ¿Por qué dudas?
ORESTES	(*A* ELECTRA.) ¡Qué difícil es dar muerte a nuestra propia madre! Indefensa y asustada, parece inofensiva.
AGAMENÓN	(*A* ORESTES.) La ramera de tu madre me asesinó y quería darte muerte a ti también por si llegaba el día en el que pudieras vengarte. Ese día ha llegado. ¡Cumple con tu destino!
PÍLADES	(*Que ha tirado al suelo a* EGISTO.) ¿Y tu guardia? ¿Te han dejado solo?
AGAMENÓN	(*A* PÍLADES.) ¡No pierdas un segundo y dale muerte de una vez!
EGISTO	(*Suplicante. A* PÍLADES.) ¡No me mates! ¡Piedad! ¡Te lo suplico! Te nombraré comandante en jefe de mi ejército. Vivirás como un rey hasta el final de tus días. No pierdas tu oportunidad.

PÍLADES	¡Calla y muere!
EGISTO	¡Espera! Si me matas, no podrás escapar de palacio.
ELECTRA	(*A* PÍLADES.) ¡Mátalo de una vez, Pílades! (*A* EGISTO.) ¡Y tú, muere como el hombre que no has sido y deja de temblar! (*A* CLITEMNESTRA *y a* EGISTO.) No os temblaron las manos cuando asesinasteis a mi padre. ¡Temblad ahora como gallinas acorraladas! Eso es lo que sois, ¡gallinas cobardes y asustadas! ¡Tanto poder para perderlo en un instante! ¿Os mereció la pena asesinar para morir también asesinados? (*A* PÍLADES, *indicándole que mate a* EGISTO *de una vez con gestos.*) ¡Vamos!

(PÍLADES *mata a* EGISTO.)

AGAMENÓN	¡Uno menos! (*Con humor.*) Egisto, no tardes en cruzar la laguna Estigia, que tenemos mucho de qué hablar en este lado de la orilla. Descubrirás un mundo nuevo. Yo seré tu guía. (*Abraza a* PÍLADES, *sin que este le corresponda porque ni lo ve ni lo siente.*) Muy bien, mi fiel Pílades. Ahora vigila, no venga la guardia antes de tiempo.

(PÍLADES *vigila el exterior.*)

CLITEMNESTRA	Electra, tú dejaste de ser hija mía hace tiempo.

ELECTRA   ¡Se acabó Egisto! Ya lo ves, Clitemnestra. (*A* ORESTES.) Tu turno, Orestes.

            (ELECTRA *toma la daga que se ha guardado* ORESTES *entre la ropa.*)

ORESTES   ¿Estás segura? Ahora, sin Egisto, no será peligrosa. Podría vivir recluida en sus aposentos.

ELECTRA   (*Le da la daga.*) Si no lo haces, yo misma se la clavaré en el pecho.

            (*Con titubeos* ORESTES *va aproximando su daga al cuerpo de* CLITEMNESTRA.)

CLITEMNESTRA ¡¿Con una pobre vieja os atrevéis?! ¿Con una reina inofensiva sin su guardia y con su marido asesinado os atrevéis? ¿Con una madre que os ha querido siempre? Por todos los dioses del Olimpo, perdonadme, por Zeus, perdón.

AGAMENÓN   (*A* ELECTRA *y a* ORESTES.) ¿Es que no vais a callar para siempre a esta loca embustera?

ELECTRA   (*A* ORESTES.) Si no la matas, serás un cobarde y toda tu vida te arrepentirás de no haber tenido el valor de la venganza.

AGAMENÓN   (*A* ORESTES.) ¡Orestes, no dudes! ¡Vamos!

¡Clávale la daga a esa culebra venenosa y traidora que quiso matarte a ti también! (ORESTES *cierra los ojos. Le tiemblan las manos.* ELECTRA *le agarra las manos y lo ayuda a clavar la daga en el pecho de su madre.*)

CLITEMNESTRA   (*Casi sin voz.*) Hijo mío... No lo hagas... Por favor...

ELECTRA   (*Saca la daga del pecho de* CLITEMNESTRA *y se la clava en el cuello.*) ¡Muere y lárgate al averno, falsa y mentirosa!

AGAMENÓN   (*Aplaudiendo.*) ¡Bravos, hijos míos! Me siento orgulloso de vosotros.

ELECTRA   El destino se ha cumplido, Orestes.

"

¡Bravos,
hijos míos!
Me siento
orgulloso
de vosotros.

"

Escena 12
El sentimiento de culpa.

Días más tarde. En el palacio de Micenas.

ORESTES (*Con sentimiento de culpa.*) ¿Cómo he podido clavarle la daga a nuestra madre?

ELECTRA No digas nuestra madre. Dejó de serlo el día en el que le clavó la daga a nuestro padre. Ella fue quien nos traicionó y nos dejó sin Agamenón. ¿Qué vida nos dio? Una cárcel para mí y un destierro para ti.

ORESTES ¿Crees que los dioses me perdonarán?

ELECTRA Se sentirán orgullosos de ti.

ORESTES Aún resuenan en mis oídos sus gritos de terror.

ELECTRA Clitemnestra merecía su muerte.

ORESTES ¿Es que no sientes nada?

ELECTRA Nada.

ORESTES ¿Cómo puedes ser tan cruel?

ELECTRA   ¿Cruel? ¡No soy cruel! Nos hemos libe-
              rado de su tiranía, Orestes. Hemos recu-
              perado la libertad y nos hemos vengado.
              Deberías estar contento.

ORESTES   ¿Pero no sientes la culpa por el crimen
              que hemos cometido?

ELECTRA   No hay culpables en una venganza justa
              y necesaria para regalar la libertad a nues-
              tro pueblo y liberarnos a nosotros de la
              esclavitud a la que nos habían sometido
              los tiranos.

ORESTES   ¿Y si nos equivocamos? ¿Y si este cami-
              no no conduce a la libertad?

ELECTRA   Recuerda que ella quería asesinarte des-
              pués de haber matado a Agamenón.

ORESTES   Debimos conformarnos con matar a Egis-
              to y a ella haberla enviado al destierro.

ELECTRA   Piensa que hoy te coronarán nuevo rey de
              Micenas.

ORESTES   Daría la corona por ver viva a nuestra
              madre.

ELECTRA   Un pueblo atacado por el enemigo no solo
              tiene el derecho de sublevarse contra el
              invasor, sino que tiene la obligación de
              defenderse y dar muerte a quienes se han

apropiado de su territorio y de sus habitantes.

ORESTES   Eso es lo que justifica todas las guerras. Pero…

ELECTRA   (*Lo interrumpe. Segura de sí misma.*) Llevamos impresa en el alma la necesidad de vengar el daño que nos hacen.

ORESTES   Me miro las manos y las veo llenas de su sangre.

ELECTRA   Y las suyas estaban manchadas de la sangre de nuestro padre.

ORESTES   ¿No hay más ley que ojo por ojo y diente por diente?

ELECTRA   (*Asiente con la cabeza.*) Quien a hierro mata a hierro muere.

"

Quien
a hierro
mata
a hierro
muere.

"

Escena 12 y última
El complejo de Electra.

ELECTRA *cierra la tragedia con un monólogo en el proscenio, dirigiéndose al público. Parece que se dirige al túmulo de* AGAMENÓN.

ELECTRA   (*Con verdadera pasión por su padre.*) Agamenón, todo se ha cumplido. Nuestro destino ya está escrito en las estrellas. Lo he hecho por ti, por mí, por los dos. Lo he hecho todo por este amor violento que desde niña he sentido por ti, un amor que no cabe en mis palabras y que me ha convertido en vengadora. Seguro que los dioses aprueban mis actos, porque nadie jamás podrá llenar el vacío que me dejaste al partir. Te he devuelto el honor perdido, padre amado. Ahora ya puedes descansar en paz en la laguna Estigia. Volvería a hacerlo una y mil veces más. Por ti, padre, lo haría todo. (*Con tono conclusivo.*) ¡Todo!

Telón.

Esta primera edición de *Electra*,
de Eduardo Galán, terminó de imprimirse
en julio de dos mil veinticinco,
en Madrid.